GRAMMAIRE
TARTARE-MANTCHOU.

GRAMMAIRE
TARTARE-MANTCHOU,
PAR M. AMIOT,
MISSIONNAIRE A PEKIN,

Tirée du Tome XIII des Mémoires concernant l'Histoire, les Arts, les Sciences, &c. des Chinois.

A PARIS,

Chez Nyon l'aîné, Libraire, rue du Jardinet, vis-à-vis la rue Mignon, près de l'Imprimeur du Parlement.

M. DCC. LXXXVII.

GRAMMAIRE
TARTARE-MANTCHOU.

Les Mantchoux réduisent leurs lettres, ou plutôt les elémens de leurs lettres, à douze classes de monosyllabes, dont ils forment tous les sons de leur langue, par les différentes combinaisons sur lesquelles ils les rangent. Ces douze classes sont fixées par les terminaisons qui sont aussi au nombre de douze.

1re terminaison,	*a, e, i, o* bref, *ou, o* long.	*finales*
2de.	*ai, ei, iei, oi* bref, *oui, oi* long.	I
3e.	*ar, er, ir, or* bref, *our, or* long.	R
4e.	*an, en, in, on* bref, *oun, on* long.	N
5e.	*ang, eng, ing, ong* bref, *oung, ong* long.	NG
6^e.	*ak, ek, ik, ok,* bref, *ouk, ok* long.	K
7^e.	*as, es, is, os* bref, *ous, os* long.	S
8e.	*at, et, it, ot* bref, *out, ot* long.	T
9e.	*ap, ep, ip, op* bref, *oup, op* long.	P
10e.	*ao, eo, io, oo* bref, *ouo, ouoo* long.	O
11e.	*al, el, il, ol* bref, *oul, ol* long.	L
12e.	*am, em, im, om* bref, *oum, om* long.	M

Ces douze terminaisons sont précédées des lettres initiales dans l'ordre suivant... *a, e, i, o, ou... na, ne, ni, no, nou... ka* aspiré, *ka* doux, *ha* guttural... *pa, pe, pi, po, pou,* aspirés &

pa, *pe*, *pi*, *po*, *pou*, d'un ton uni, que je défignerai dans l'alphabet par *accent doux*, ou fimplement *doux*... *fa*, *fe*, *fi*, *fo*, *fou*... *cha*, *che*, *chi*, *cho*, *chou*... *ta* afpiré, *ta* doux, *te* afpiré, *te* doux, *ti* afpiré, *ti* doux, *to* afpiré, *to* doux, *tou* afpiré, *tou* doux... *la*, *le*, *li*, *lo*, *lou*... *ma*, *me*, *mi*, *mo*, *mou*... *tcha*, *tche*, *tchi*, *tcho*, *tchou*, d'un ton uni, & qui dans plufieurs mots, au lieu de *tch* fe prononce comme *tf*. *tcha*, *tche*, *tchi*, *tchou* afpirés : *ya*, *ye*... *fa*, *fe*, *fi*, *fo*, *fou*... *oua*, *oue*, *oui*.

Je n'ai pas répété la lettre initiale *k*, qui revient après le *tch*, & qui commence par *ké* afpiré, *ké* doux, *hé* guttural ; vient enfuite *ki*, *ki*, *hi*, *ko*, *kou*, *hou*, &c. qui fe trouvent de fuite dans le dictionnaire (1) ; ainfi les lettres initiales des mots Mantchoux fe réduifent aux cinq voyelles & aux confonnes, *n*, *k*, *p*, *f*, *t*, *l*, *m*, *tch*, *y*, *f*. A ces initiales, les Mantchoux en ont ajouté fucceffivement quelques autres pour exprimer les fons de la langue Chinoife, qu'ils n'avoient pas originairement dans leur propre langue, tels font *kâ*, *dʒâ*, ou *tfâ*, *jo*, *tchée*, *fée*, *jée*. Ces lettres ne font diftinguées que par l'addition de quelques traits à la lettre originale.

La maniere de prononcer les mots du Mantchou, n'eft pas toujours conforme à celle dont ils font ecrits. Il en eft de cette langue à-peu-près comme de la langue françoife, dans laquelle bien des lettres ne fe font pas fentir, ou fe prononcent fi légérement, qu'on ne fauroit les diftinguer. L'ufage en apprend plus fur cela que tous les préceptes ou regles qu'on pourroit en donner. J'ajouterai feulement ici que le *k* a fort fouvent le fon du *g*, fur-tout au milieu & à la fin des mots. On ecrit par ex. *ake*, *monfieur*, & l'on prononce *ague* ; on ecrit *kourkou*, *animal*, & l'on prononce *kourgou*, &c.

(1) L'Auteur entend par-là le Dictionnaire *Tartare-françois*, qu'il nous a fait paffer, & que nous nous propofons de publier inceffamment.

Le *tcha* a quelquefois le son du *dja*, le *tché* le son du *dze*, &c. Le *t*, lorsqu'il n'est point aspiré, a le plus souvent le son du *d* au milieu & à la fin des mots. L's a souvent le son du *z*, la syllabe *si* se prononce presque toujours au milieu & à la fin des mots, comme nous prononçons *che* dans les mots *chemin*, *cheval*, &c. On ecrit par ex. *ouméfi*, & l'on prononce *oumeche*. L'*f* se prononce quelquefois comme l'*v* consonne; on ecrit par ex. *oforo*, & l'on prononce *ovoro*. L'*h* est généralement aspirée, mais d'une maniere plus douce, au milieu des mots, qu'au commencement & à la fin.

Comme la prosodie d'une langue a beaucoup d'affinité avec la prononciation, puisqu'elle est proprement l'art de prononcer correctement, & que deux ou trois regles suffisent pour fixer celle de la langue des Mantchoux, je vais les donner ici, pour n'être pas obligé d'en parler ailleurs.

Première regle. Dans tous les mots de deux ou de plusieurs syllabes, la pénultieme est toujours brève, qu'elle soit entre deux consonnes ou non; les mots *atchíke*, *matchíke*, *sampíme* & tous les composés de *pime*, sont exceptés.

Seconde. Il y a plusieurs mots où quelques syllabes s'elident, ou se prononcent si rapidement, qu'on n'en entend qu'une des deux; par ex. *tofohoun* exactement prononcé, ne fait entendre que *tofhoun*, quinze.

Troisieme. Le *p* qui constitue la derniere syllabe des verbes, tant actifs que passifs, se prononce toujours comme un *b*; *pantchimpi* par ex., doit être prononcé *pantchimbi*; *pantchipoumpi* doit être prononcé *pantchiboumbi*, & ainsi des autres, c'est-à-dire de tous les Verbes; car tous sont terminés en *pi*.

Des Noms.

Les Noms, tant adjectifs que substantifs, n'ont aucune

terminaifon particuliere. Il y a feulement trois chofes à confidérer ; favoir, le genre, le nombre & le cas

Les Mantchoux ne mettent aucune différence entre les genres. Le même adjectif fe joindra également, fans changer de terminaifon, au mafculin, au féminin & au neutre. On dit par ex., *fain haha*, *un bon homme* ; *fain hehe*, *une bonne femme* ; *fain morin*, *un bon cheval* ; *fain tchaka*, *une bonne chofe*.

Les noms paffent, en général, du fingulier au pluriel, en prenant après eux quelqu'une des particules fuivantes, *fa*, *fe*, *fi*, (*fi* fe prononce comme nous prononçons en françois *che* dans *chemin*) & *te* qu'on prononce comme *de*. On dit *entouri*, *un efprit* ; on dira *entourifa*, *les efprits* ; *Hafan*, *un Mandarin* ; *Hafafa*, *les Mandarins* ; *hehe*, *une femme* ; *hehefi*, qu'on prononce *heheche*, *les femmes* ; *teou*, *un frere cadet* ; *teoute*, qu'on prononce *teoude*, *les freres cadets*, &c.

Outre les particules *fa*, *fe*, *fi*, *te*, qu'on emploie pour défigner le pluriel, il y en a quelques autres que l'on n'emploie que pour défigner la multitude en général, telles que *fei*, *ourfe*, *tome*. La particule *fei* ne s'emploie que lorfqu'on parle des êtres raifonnables ; par ex. *Nialma fei kemou outou kiforempi*, *tout le monde le dit ainfi*.

La particule *ourfe* ne s'emploie que pour les hommes, & feulement en l'ajoutant à l'adjectif féparé de fon fubftantif, lequel alors eft fous-entendu, par exemple *fain ourfe*, *les bons*, &c. Le mot *ourfe* répond à notre maniere de parler, *ceux qui*, par ex. *Ouarki kourountchi tchihe ourfe*, *ceux qui font venus des royaumes Occidentaux*, &c.

La particule *tome* s'applique indifféremment aux chofes animées & inanimées, par ex. *Nialma tome kemou fampi*, *tout le monde le fait* ; *kourkou* (on prononce *kourgou*) *tome kemou fekfihe* (on prononce *fekchehe*) *tous les animaux prirent la fuite* ;

GRAMMAIRE TARTARE-MANTCHOU.

fuite ; moro tome kemou fain , toutes les taffes font bonnes , &c.

La particule *tcherki*, défigne en général la multitude, ou le total d'une même efpece ; par ex. *kourkou tcherki komfo*, *ces animaux font rares*, c'eft comme nous dirions : les animaux de *cette efpece* font en petit nombre ; ou fi l'on veut parler de tous les animaux en général, l'on dira : *kourkou tcherki laptou, la claffe des animaux eft nombreufe*, ou bien , *les efpeces d'animaux font en grand nombre*. On dit auffi *cette efpece d'hommes, tcherki nialma ; cette claffe de Mandarins , Hafan tcherki ; cette efpece de chofe, tchaka tcherki ,* &c.

Des Nombres.

LES nombres primitifs s'expriment en Mantchou par un feul mot jufqu'à 10 inclufivement ; mais depuis 10 jufqu'à 20, ils font compofés des neuf premiers, joints à celui qui exprime 10, à l'exception du nombre 15, qui eft exprimé par un feul mot. En jettant un coup-d'œil fur la lifte que je vais donner, on fe mettra au fait de la maniere dont les Mantchoux expriment tous les nombres.

1 2 3 4 5 6 7
Emou, tchouo, ilan, touin, fountcha, ningoun, nadan ;
8 9 10 11 12
tchakoun, ouiun, tchouan, tchouan-emou, tchouan-tchouo,
13 14 15 16
tchouan-ilan, tchouan-touin, tofohoum, tchouan-ningoun,
17 18 19 20
tchouan-nadan, tchouan-tchakoun, tchouan-ouiun. Orin ,
21 22 30 31 32
orin-emou, orin-tchouo, &c. *Koujen, koujen-emou, koujen-*
40 41 42 50
tchouo, &c. *Teïhi, teïhi-emou, teïhi-tchouo,* &c. *Soufai,*
51 52 60 61
foufai-emou, foufai-tchouo, &c. *Ningtchou, ningtchou-emou,*
62 70 71
Ningtchou-tchouo, &c. *Nadantchou, nadantchou-emou, na-*

B

dantchou-tchouo, &c. $\overset{80}{Tchakountchou}$, $\overset{81}{tchakountchou\text{-}emou}$, $\overset{82}{tchakountchou\text{-}tchouo}$, &c. $\overset{90}{Ouiuntchou}$, $\overset{91}{ouiuntchou\text{-}emou}$, $\overset{92}{ouiuntchou\text{-}tchouo}$, &c. $\overset{100}{Tangou}$, $\overset{200}{tchouo\text{-}tangou}$, &c. $\overset{1000}{Mingan}$, $\overset{2000}{tchouo\text{-}mingan}$, &c. $\overset{10000}{Toumen}$, $\overset{20000}{tchouo\text{-}toumen}$, &c.

Les nombres ordinaux qui désignent l'ordre & le rang s'expriment en Mantchou, comme ci-après :

$\overset{1^{er}}{Outchou}$, $\overset{2^{d}}{tchai}$, $\overset{3^{e}}{ilatchi}$, $\overset{4^{e}}{touitchi}$, $\overset{5^{e}}{fountchatchi}$, $\overset{6^{e}}{ningoutchi}$, $\overset{7^{e}}{nadatchi}$, $\overset{8^{e}}{tchakoutchi}$, $\overset{9^{e}}{ouiutchi}$, $\overset{10^{e}}{tchouantchi}$, $\overset{11^{e}}{tchouan\text{-}emoutchi}$, $\overset{12^{e}}{tchouan\text{-}tchouotchi}$, $\overset{13^{e}}{tchouan\text{-}ilatchi}$, $\overset{14^{e}}{tchouan\text{-}touitchi}$, $\overset{15^{e}}{tofohoutchi}$, qu'on prononce *tofhoutchi*, & ainsi des autres, en ajoutant toujours *tchi* à la fin du nombre primitif, par ex. *Orin* exprime le nombre de 20, *orintchi* exprimera le 20e en nombre. *Tangou* exprime le nombre de 100, *tangoutchi*, exprimera le 100e.

Le mot *emke*, qui signifie *un seul*, signifie *tous* lorsqu'il est redoublé, par ex. : *emke tchihe*, il est venu *seul* ; en disant *emke-emke tchihe*, on exprimera qu'*ils sont tous venus*, ou plus exactement, qu'*ils sont venus l'un après l'autre*. Le mot *meni* redoublé, a à-peu-près la même signification, mais on ne s'en sert que dans les phrases où il est parlé de quelqu'être raisonnable, qui est sous-entendu, ou dont on suppose avoir déjà parlé, &c.

Des degrés de Comparaison.

LES Adjectifs n'admettent aucun degré de comparaison, c'est-à-dire, qu'ils n'ont point d'inflexion particuliere qui détermine le comparatif & le superlatif; ils sont toujours les mêmes, tant pour l'un que pour l'autre: mais comme en François nous avons *plus* pour le comparatif, & *très* pour le superlatif, de même les Mantchoux ont la particule *tchi* qu'ils placent pour le comparatif, après le premier membre de la comparaison. Par ex.: *la langue Mantchou est plus facile que la langue Chinoise*, on dira *Mantchou kisoun-tchi, nikan kisoun manga;* ce qui signifie à la lettre, *plus que la langue Mantchou la langue Chinoise est difficile*. On peut aussi mettre la particule *tchi* à la fin du second membre en disant *Mantchou kisoun, nikan kisoun-tchi tcha*. On se sert quelquefois du mot *keli*, & plus rarement du mot *tabali*: alors on met l'adjectif à l'ablatif avec la particule *tchi*. Par ex.: *cet homme est meilleur que cet autre, ere nialma-tchi, keli sain,* ce qui signifie proprement, cet homme est *encore* meilleur que cet autre; & si l'on dit *ere nialma, tere nialma-tchi tabali sain*, cela signifiera littéralement, cet homme est bon *par-dessus* cet autre, &c.

Le superlatif est désigné par une particule qu'on met après l'adjectif. Nous l'exprimons en François par la particule *très*, les Mantchoux l'expriment par la particule *oumesi*, qu'ils prononcent *oumeche*. Par ex.: *cet homme est très-éclairé, ere nialma oumesi ketouken*. Ils se servent encore d'une autre particule pour exprimer cette espece de superlatif que nous exprimons en François par *le* devant *plus*. Par ex.: *le plus grand des Magistrats l'a ainsi déterminé, outchoui amban outou Toktobouha;* ce qui signifie proprement: *le Magistrat de la tête, qui est à la tête des autres, le premier des Magistrats*. Dans ce cas & dans tous les autres l'adjectif est après la particule du superlatif. (*Outchoui* est le génitif d'*outchou*, qui signifie à la fois *tête* & *premier*.)

Des Cas.

Les Cas dans la langue Mantchou, sont comme dans la langue Françoise, c'est-à-dire, qu'ils ne different entre eux que par certaines particules qu'on leur joint & qu'on place immédiatement après les noms. Ainsi le génitif est exprimé par la particule *i*, après une voyelle, & par *ni*, après une consonne ; par ex. *Apka-i etchen*, *le Maître du ciel*, *Apka-i etchen-ni taichihien*, *la doctrine du Maître du ciel*. D'où l'on voit que dans la construction Mantchou, le génitif va toujours devant, comme dans le latin. *Apka-i etchen*, *cœli Dominus ; Apka-i etchen-ni taichihien*, *cœli Domini doctrina*, *&c*.

Pour le Datif, les Mantchoux emploient la particule *te* qu'ils prononcent *de*; la particule *pe* qu'ils prononcent *be* pour l'accusatif, le vocatif est toujours semblable au nominatif ; & pour l'ablatif ils ont plusieurs particules qu'ils emploient suivant le sens : 1°. ils emploient *tchi* toutes les fois qu'il s'agit d'exprimer la séparation, l'ablation, la distance, la différence ; par ex. : il est parti de cet endroit, *tere pa-tchi tchouraka*; il y a loin de cet endroit à cet autre, *ere pa-tchi tere pa-de istala sandalabouhengue koro*, *&c*. 2°. Ils emploient *te* quand il faut exprimer le passif, ou la *passion* de l'un par l'autre, soit que la proposition dont il s'agit ait la terminaison passive ou non, par ex. *ehe nialma-te ouabouha*, *il a été tué par un méchant homme*; *pi ini kala-te alime kaiha*, *je l'ai reçu de sa main*, &c. 3°. Ils emploient la particule *i* ou *ni* pour exprimer la maniere ou l'instrument, l'affection ou l'acte de la volonté ou de l'entendement : 4°. Ils mettent la particule *te* aux futurs des verbes pour exprimer l'ablatif absolu des Latins ; mais alors le pronom qui sert de nominatif, comme *vous*, *lui*, *moi*, demeure le même & ne prend rien après soi, par ex. *pi oupa-te kenere-te*, c'eſt-à-dire, *moi allant dans cet endroit, &c.* 5°. Si l'ablatif abſolu a la terminaiſon paſſive, en particulier du participe paſſé, on ajoute le mot *mangi*.

Il eſt fort d'uſage chez les Mantchoux d'employer au lieu des noms, les futurs ou les prétérits des verbes en leur donnant les terminaiſons *ranke, renke, ronke, rounke*, pour les futurs; & *henke, honke, hounke* pour les prétérits. Un peu de lecture fournira des exemples de tout cela; car il n'eſt preſqu'aucune page de quelque livre Mantchou que ce ſoit, où il ne s'en trouve quelqu'un.

Des Pronoms.

Les Pronoms primitifs, *je, vous, il*, &c. ſe déclinent à-peu-près comme en François, c'eſt-à-dire, que pour leurs cas, ils prennent quelqu'une des particules ſuivantes, *ni, te, pe, tchi*, au moyen deſquelles on les diſtingue. Ces pronoms primitifs ſont *pi*, je, ou, moi; *ſi*, toi, vous; *i*, il ou, lui; *ere*, celui-ci; *tere*, celui-là. On les décline de la maniere ſuivante.

Pronoms de la premiere perſonne.

SINGULIER.		PLURIEL.	
Nom. *Pi*,	moi.	Nom. *Pe*,	nous.
Gén. *Mini*,	de moi.	Gén. *Meni*,	de nous.
Dat. *Minte*,	à moi.	Dat. *Mente*,	à nous.
Acc. *Mimpe*,	moi.	Acc. *Mempe*,	nous.
Abl. { *Mintchi &*, *minte*,	de moi, ou, par moi.	Abl. { *Mentchi &*, *Mente*,	de nous, par nous.

Pronoms de la ſeconde Perſonne.

SINGULIER.		PLURIEL.	
Nom. *Si*,	toi.	Nom. *Soue*,	vous.
Gén. *Sini*,	de toi.	Gén. *Soueni*,	de vous.
Dat. *Sinte*,	à toi.	Dat. *Souente*,	à vous.

GRAMMAIRE TARTARE-MANTCHOU.

Acc. *Simpe*, toi.
Abl. { *Sintchi &*, de toi,
      finte, par toi.

Acc. *Souenpe*, vous.
Abl. { *Souentchi &*, de vous,
      Souente, par vous.

Pronoms de la troisieme personne.

SINGULIER.

Nom. *i*, lui.
Gén. *Ini*, de lui.
Dat. *Inte*, à lui.
Acc. *Impe*, lui.
Abl. { *Intchi &*, de lui,
      inte, par lui.

PLURIEL.

Nom. *Tché*, eux.
Gén. *Tchéni*, d'eux.
Dat. *Tchente*, à eux.
Acc. *Tchempe*, eux.
Abl. { *Tchentchu &*, d'eux,
      tchente, ou par eux.

SINGULIER.

Nominatif. *Ere*, celui-ci; *tere*, celui-là.
Génitif. *Erei*, de celui-ci; *terei*, de celui-là.
Datif. *Ede* ou *erete*, à celui-ci; *tete* ou *terete*, à celui-là.
Accusatif. *Erepe*, celui-ci, *terepe*, celui-là.
Ablatif. *Eretchi* ou *ete*, de celui-ci; *teretchi* ou *tete*, de celui-là, par celui-là.

PLURIEL.

Nominatif. *Ese*, ceux-ci; *tese*, ceux-là.
Genitif. *Esei*, de ceux-ci, *tesei*, de ceux-là.
Datif. *Esete*, à ceux-ci, *tesete*, à ceux-là.
Accusatif. *Esepe*, ceux-ci, *tesepe*, ceux-là.
Ablatif. *Esetchi*, ou *esete*, de ceux-ci, ou, par ceux-ci, *tesetchi*, ou *tesete*, de ceux-là, par ceux-là.

J'ai déjà dit dans quelles occasions il falloit employer pour l'ablatif la particule *tchi* ou la particule *te*. Il est à remarquer encore, qu'en parlant des choses qui nous appartiennent, ou auxquelles nous avons quelque rapport, ou qui nous sont communes avec ceux à qui nous parlons, il faut alors se servir du mot *mouse* en nous nommant, & ce *mouse* se décline en y ajoutant les particules *i*, *te*, *pe*, *tchi* ou *te*, comme ci-après : *mouse*, nous; *mousei*, de nous; *mousete*, à nous; *mousepe*, nous;

GRAMMAIRE TARTARE-MANTCHOU.

moufetchi ou *moufete*, de nous, ou, par nous. Si au contraire ceux à qui nous parlons n'ont aucun rapport aux choses dont nous faisons mention, on se sert du mot *pe* pour exprimer *nous*, & l'on suit pour les cas le pluriel du pronom *pi*, comme ci-dessus. Par ex., si j'ai à parler de ma famille, de ma compagnie, de mon tribunal, de ma patrie, &c. Avec ceux qui sont de la même famille, de la même compagnie, du même tribunal, &c. Toutes les fois que j'aurai à exprimer *nous*, je dirai *moufe* & non pas *pe*. Par ex. qu'un Mantchou dise à un autre Mantchou: *notre coutume est*, &c. il se servira du mot *moufe*. Qu'il dise la même chose à un Chinois, il se servira du mot *pe*, en le mettant au cas que la phrase exige. Ainsi en parlant au Mantchou, il dira *moufe-i koli outou*; & en parlant au Chinois, il dira *me-ni koli outou*.

Lorsqu'on ajoute quelque titre à la premiere ou seconde personne, ou quand on y ajoute le nom propre, par ex. *moi, un tel, je pense*, &c. *Vous, Monsieur*, &c. on met la premiere ou seconde personne, comme si la premiere ou seconde personne ne faisoit qu'un même mot avec le titre ou le nom, par ex. *moi votre serviteur, je suis allé*, &c. *aha pi kenehe*, &c. *Vous, Monsieur, que dites-vous ? ake si ai sempi*, &c. On ajoute, assez ordinairement quelque titre à la premiere & seconde personne. Par ex. *moi un tel Mandarin dans le tribunal des crimes, Peitere tchournan-ni hafan pi*, &c. *Quand êtes-vous arrivé ? Sini ouesihoun peie atangi tchihe ?* c'est-à-dire, votre précieuse personne, quand est-elle arrivée ?

Le pronom réciproque, joint à *peie*, qui signifie *personne*, ne se décline pas, on ne décline que *peie*. On dit *ma personne, mini peie*, c'est-à-dire, la personne de *moi*, *sini peie*, la personne de *vous*, *ini peie*, la personne de *lui*; *mini, sini, ini*, restent les mêmes dans tous les cas. Ainsi on dira au datif *mini peietete*, à l'accusatif *mini peiepe*, à l'ablatif *mini peietchi*, &c. Il en est de même pour le pluriel.

On joint aux adjectifs & aux pronoms la particule terminative *ningue*, qui est relative aux substantifs précédens, soit qu'ils soient au singulier; soit qu'ils soient au pluriel. Par ex. dans les phrases précédentes on aura parlé de chevaux, & un peu après on dit que ces chevaux sont bons ou mauvais, on n'exprimera pas l'adjectif *bon* par *sain* seul, mais par *sainningue*, ni l'adjectif *mauvais* simplement par *ehe*, mais par *eheningue*, &c.

La particule *ningue* se met aussi après les génitifs des pronoms *pi* moi, *si* vous, *i* lui : ainsi l'on dira *miningue*, de moi; *siningue*, de vous; *iningue*, de lui; ce qui revient au *meus*, *tuus*, &c. des Latins.

Des Verbes.

Les Mantchoux, ainsi que les autres Nations, ont nécessairement dans leur langue des verbes qui ont la signification active, passive & neutre : mais ils n'ont qu'une même terminaison pour tous leurs verbes; & cette terminaison est en *mpi*. On en comprend la signification par le contexte de la phrase, ou par certaines particules qu'on leur joint.

La terminaison des verbes Mantchoux est la même au singulier qu'au pluriel; & il n'y a aucune différence entre la terminaison des personnes, qui ne se distinguent que par les pronoms *moi*, *vous*, *il*; *nous*, *vous*, *ils*, &c. Ces pronoms sont quelquefois exprimés, & quelquefois sous-entendus. On dit par ex. *pi kosimpi*, qu'on prononce *kojembi*, *si kosimpi*, *i kosimpi*, &c. Il faut excepter quelques personnes de l'impératif & de l'optatif, dont je parlerai ci-après.

Du Verbe actif.

Par verbe actif, j'entends un verbe qui a la signification active. Il y a cinq conjugaisons de verbes qu'on peut distinguer aisément en faisant attention aux cinq voyelles; car toutes les conjugaisons des verbes Mantchoux, se terminant comme je l'ai dit en *mpi*, elles ne different entre elles que par la voyelle qui est immédiatement avant *mpi*. Ainsi la premiere conjugaison est *ampi*, comme *paitalampi*, employer; la seconde est en *empi*, comme *kenempi*, aller; la troisieme est en *impi*, comme *kosimpi*, aimer; la quatrieme est en *ompi*, comme *potompi*, compter; & la cinquieme est en *oumpi*, comme *outchoumpi*, porter compassion, compatir, &c. Dans le langage on peut ne pas prononcer le *p*, & dire simplement *paitalami*, *kenemi*, &c.

Outre la signification active qui s'exprime par les verbes tels que je viens de les assigner, il faut encore en observer deux autres. La premiere, lorsque la chose qui est exprimée par le verbe, se fait *par la personne même* du verbe; la seconde lorsque la chose qui est exprimée par le verbe se fait *par les ordres* ou *à la persuasion* de la personne du verbe. Dans ce dernier cas tous les verbes, tant actifs que passifs & neutres, changent leurs terminaisons *pi* en *poumpi*, par ex. *houlampi*, je récite *houlapoumpi*, j'ordonne de réciter; *oueilempi*, je fais; *oueilepoumpi*, j'ordonne de faire, je fais faire; *kosimpi*, j'aime; *kosipoumpi*, j'ordonne d'aimer; *chompi*, je racle; *chopoumpi*, j'ordonne de racler; *poumpi*, je donne; *poupoumpi*, j'ordonne de donner, je fais donner, &c.

Jusqu'à présent je n'ai parlé que du présent des verbes qui est le même pour toutes les personnes, tant au singulier qu'au pluriel. Je dois dire quelque chose des autres tems.

C

Les verbes Mantchoux ont trois tems principaux ; favoir, le préfent, le parfait & le futur. Le préfent eft toujours terminé en *mpi* ou *poumpi* ; le parfait fe termine en *ha*, *he*, *ho* en afpirant fortement la lettre *h*, & quelquefois en *ka* & en *ke* afpirés. La voyelle qui eft devant *ha*, *he*, *ho*, *ka*, *ke*, eft le caractéristique de la conjugaifon, c'eft-à-dire, qu'elle dénote de quelle conjugaifon eft le prétérit. L'on peut dire la même chofe des futurs qui font toujours terminés en *ra*, *re*, *ro*, d'où l'on voit que le parfait & le futur font formés du préfent, en changeant *mpi* en *ha*, *he*, *ho*, *ka*, *ke* pour le parfait ; & en *ra*, *re*, *ro*, pour le futur.

Le parfait de la premiere conjugaifon eft en *ha*, ou *ka*; celui de la feconde en *he*, à l'exception de quelques-uns qui font en *ke*; celui de la troifieme eft auffi en *he*; celui de la quatrieme eft en *ho*; celui de la cinquieme eft encore en *he*, quelques-uns exceptés qui font en *ha*.

A la fin des prétérits on ajoute le verbe auxiliaire *pi*, être, pour exprimer le complément de l'action. Par ex. *houlahapi*, j'ai récité, j'ai lu à haute voix, *oueilehepi*, j'ai fait, &c.

La terminaifon des futurs eft comme celle des prétérits, en changeant *ha*, *he*, *ho*, en *ra*, *re*, *ro*. Par ex. *houlampi*, je lis ; *houlaha*, j'ai lu ; *houlara*, je lirai ; *oueilempi*, je fais ; *oueilehe*, j'ai fait ; *oueilere*, je ferai ; *potombi*, je compte ; *potoho*, j'ai compté ; *potoro*, je compterai. Il eft à remarquer qu'on fe fert fouvent du préfent au lieu du futur, fur-tout quand il y a un tems déterminé, comme demain, après-demain, dans quelques jours ; par ex. je viendrai demain fans faute, *tchimari ourounakou tchimbi* : c'eft comme fi nous difions en françois, *demain fans faute je viens*, &c. Dans les autres phrafes le fens fait connoître quand le verbe a la fignification future ou quand il l'a préfente.

Des terminaisons du prétérit & du futur se forment d'autres terminaisons en changeant *ha*, *he*, *ho*, du prétérit en *hangue*, *hengue*, *hongue*, & *ra*, *re*, *ro*, du futur en *rangue*, *rengue*, *rongue*; par ex. *houlaha* se change en *houlahangue*, *oueilehe* en *oueilehengue*, *potoho* en *potohongue*, &c. *houlara* se change en *hoularangue*, *oueilere* en *oueilerengue*; *potoro* en *potorongue*. Je dirai après, quand & comment il faut faire usage de ces terminaisons.

Pour exprimer le sens négatif des verbes, on leur ajoute la particule *akou*, par laquelle on les termine. Par ex. j'ai lu, *houlaha*; je n'ai pas lu, *houlaha akou*; j'ai fait, *oueilehe*; je n'ai pas fait, *oueilehe akou*. On supprime le plus souvent la voyelle *a* d'*akou* & l'on dit *houlahakou*, *oueilehekou*, en l'écrivant & le prononçant comme un seul mot. Il est très-ordinaire, pour le sens négatif, de changer les terminaisons *ha*, *he*, *ho*, *ka*, *ke* & *ra*, *re*, *ro*, en *akoungue*. On dira par ex. *houlahakoungue*, *oueilehekoungue*, &c. *hoularakoungue*, *oueilerekoungue*, &c.

On se sert de la terminaison *hangue* pour les prétérits toutes les fois que le verbe n'est pas à la fin du sens total de la phrase & de la terminaison *rangue*, &c. pour le présent, lorsque le verbe ne termine pas la phrase, & qu'il y a encore quelque chose à dire pour la finir. Lorsqu'on veut s'en servir pour terminer le sens d'une phrase, on y ajoute le verbe *sehepi*, comme si l'on disoit, *cela est ainsi*. Ce verbe *sehepi* se met à la fin de toutes les phrases où il y a quelqu'une des terminaisons dont nous venons de parler. Par ex. *un tel a dit qu'à telle heure le vent souffloit du côté de l'ouest*, *tere nialma hentouhengue, tere erinde edoun ouargui patchi taha sehepi*, &c. Ce mot *sehepi* sert de finale toutes les fois que quelqu'un a dit, fait, entendu, &c. quelque chose; lorsque cette chose n'est pas

20 GRAMMAIRE TARTARE-MANTCHOU.

exprimée, qu'elle est fous-entendue, ou qu'on en a déjà parlé dans les phrases précédentes ; mais dans le discours ordinaire, on le supprime pour abréger.

L'imparfait de l'indicatif se forme du présent en ajoutant *he* à la finale *mpi* : par ex. *kosimpi*, j'aime ; *kosimpihe*, j'aimois ; *kenempi*, je vais ; *kenempihe*, j'allois. Pour le sens négatif, on ajoute la particule négative *akou*, &c.

Pour exprimer le désir, l'affection, la volonté de faire quelque chose, au lieu de mettre le verbe qui suit à l'infinitif, on change simplement la terminaison *mpi* de l'indicatif en *ki*, & on y ajoute les mots *seme pihe*, pour la premiere personne, & les mots *sehe pihe* pour les autres personnes. Par ex. je voulois faire cela, *pi erepe oueileki seme pihe* ; vous vouliez faire cela, *si erepe oueileki sehe pihe*. Pour le sens négatif, on ajoute la particule négative *akou* placée avant *pihe*. Par ex. je ne voulois pas faire cela, *erepe oueileki, tere kounin minte akou pihe* ; ce qui signifie mot pour mot, *faire cela, cette intention dans moi n'etoit pas*, &c. C'est la seule formule pour exprimer le sens négatif.

Le plus-que-parfait se forme du parfait, en y ajoutant le mot *pihepi*. Par ex. *oueilehe*, j'ai fait, on dira pour le plus-que-parfait *oueilehe pihepi*, j'avois fait ; & pour le sens négatif, *oueilehe akou*, je n'ai pas fait, on dira *oueilehe akou pihepi*, je n'avois pas fait, &c.

L'impératif pour la seconde personne se forme du présent de l'indicatif en ôtant la finale *mpi*. Par ex. *kenempi*, je vais, *kene*, va ; *kisourembi*, je parle ; *kisoure*, parle ; *houlambi*, je lis ; *houla*, lis, &c. Il paroît que dans les verbes Mantchoux, l'impératif est la racine d'où les autres mœufs & leurs tems sont formés ; car dans leurs Dictionnaires on trouve d'abord l'impératif & ensuite le présent. La troisieme personne se forme en ajoutant à la seconde le mot *kini*. Par ex. *kene*, va; *kenekeni*, qu'il aille, &c. Il faut en excepter quelques verbes anomaux, comme *tchimpi* & ses composés dont la seconde personne de l'impératif ne suit pas la regle ordinaire; ainsi au lieu de dire *tchi*, viens, on dira, *tchou*. *Alantchimpi*, je viens avertir; *alantchou*, viens avertir, &c. La troisieme personne suit la regle ordinaire. Le verbe *paimpi* ne fait point à la seconde personne de l'impératif *pai*, mais *paisou*; *kaimpi* fait *kaisou*, mais à la troisieme personne on dira *paikini*, *kaikini*.

Lorsqu'on parle avec ses supérieurs ou avec ses égaux, on ajoute le mot *ki*, qui signifie *je vous invite*. Par ex. le verbe *tempi*, qui signifie s'asseoir, en ôtant pour l'impératif la finale *mpi*, ainsi que je l'ai dit plus haut, laisse *te*; assieds-toi. En parlant à un inférieur ou à un domestique, en lui ordonnant de s'asseoir, on dira simplement *te*, assieds-toi; mais en parlant à une personne honorable, on ajoutera *ki* à *te*, & l'on dira *teki*, je vous invite à vous asseoir. Il y a outre cela une maniere honnête de parler à ses inférieurs, laquelle consiste à changer le *ki* final dont je viens de parler, en *kina*, *tekina*, asseyez-vous. Pour ce qui est du sens négatif, on prend pour la seconde personne de l'impératif, le futur de l'indicatif en le faisant précéder de la particule négative *oume*. Ainsi *kene*, va; *keneki*, je vous invite à aller; *oume kenere*, n'allez pas, &c.

L'optatif convient avec l'impératif, en ce qu'ils expriment l'un & l'autre un acte de la volonté; mais l'un commande & l'autre souhaite. La particule *ki* est le signe de la volonté. *Ki* est pour la premiere personne, *kini* pour la seconde & aussi pour la troisieme, en y ajoutant le verbe auxiliaire *sempi*. On se sert aussi du mot *pahatchi*, qui revient à l'*utinam* des Latins.

La premiere personne de l'optatif présent se forme de la seconde personne de l'impératif en y ajoutant *ki*, & le verbe *sempi*, dont on fait conſtamment la finale pour formule de l'optatif. La ſeconde & troiſieme perſonne ſe forme de la troiſieme de l'impératif, en y ajoutant ſimplement *sempi*. Par ex. plût à Dieu que j'aille, *pi keneki sempi*, ou bien *pi pahatchi kenedi sempi*; plût à Dieu que tu ailles, *sinpe kenekini sempi*, ou bien *pahatchi Sinpe kenekini sempi*; plût à Dieu qu'il aille, *pahatchi terepe kenekini sempi*; plût à Dieu que nous allions, *pahatchi mouse keneki sempi*; plût à Dieu que vous alliez, *pahatchi souempe kenekini sempi*; plût à Dieu qu'ils aillent, *pahatchi tesepe kenekini sempi*. Il eſt à remarquer, qu'excepté la premiere perſonne, les autres ſont à l'accuſatif, parce que le ſens eſt, *je voudrois*, *je souhaiterois que vous allaſſiez*, *qu'ils allaſſent*; mais ſi le ſens étoit, *vous souhaitez*, ou *ils souhaitent d'aller*, on diroit alors *si*, tu; *tere*, il; *soue*, vous; au pluriel, *tché*, ils, *pahatchi keneki sempi*.

Cette même différence ſe trouve dans le ſens négatif: par ex. *plût à Dieu que je n'aille point*, *pi pahatchi kenerakou oki sempi*, c'eſt comme ſi l'on diſoit, *je voudrois devenir n'allant pas*: dans la ſeconde & troiſieme perſonne, on dira: *pahatchi kenerakou okini sempi*. Dans quelque perſonne que ce ſoit, on dira au pluriel *pahatchi kenerakou oki sempi*; toutes les fois que le ſens ſera par ex. *vous souhaitez*, *ils souhaitent*, ce qui peut s'appliquer à tous les tems de l'optatif. On peut expliquer d'une maniere plus élégante le ſens négatif de quelque verbe que ce ſoit, en ſe ſervant du verbe *nakampi* qui ſignifie *s'abstenir*, *ceſſer*, &c. Ainſi lorſqu'on parle dans le ſens négatif, le verbe qui eſt affecté par la négation ſe met au futur avec l'article *pe* de l'accuſatif, en ajoutant le verbe *nakampi* à la fin. Par ex. plût à Dieu que je n'aille pas, *pi kenerepe nakaki sempi*; plût à Dieu que tu n'ailles pas, *pi simpe kenerepe nakakini sempi*, &c.

GRAMMAIRE TARTARE-MANTCHOU.

L'imparfait de l'optatif ne differe du préfent que par quelques particules de temps d'où l'on conclut le fens, en obfervant de mettre le nominatif *pi*, *moi*, *je*, quoiqu'il foit queftion de la feconde ou troifieme perfonne ; parce que c'eft comme fi l'on difoit, *je fouhaite* que vous vous abfteniez, qu'il s'abftienne d'aller, *pi fimbe kenerebe nakakini fempi*. Il faut remarquer que les formules prohibitives de l'impératif fe mettent au futur de l'indicatif avec l'article *pe*, en y ajoutant le verbe *nakampi* dans la terminaifon qui convient à la perfonne. Par ex. n'allez pas, *kenerepe naka* ; qu'ils n'aillent pas, *kenerepe nakakini*. Les perfonnes, quand on les exprime, fe mettent au nominatif, *fi kenerepe naka*, &c.

Le Prétérit parfait, plût à Dieu que je fuffe allé, *pahatchi keneki fehepi* ; plût à Dieu que je ne fuffe pas allé, *pahatchi kenerepe nakaki fehepi* ; plût à Dieu que tu fuffes allé, *pahatchi fimpe keneki fehepi* ; plût à Dieu que tu ne fuffes pas allé, *pahatchi fimpe kenerepe nakakini fehepi*. Au pluriel on dit *keneki* à la premiere perfonne en changeant le pronom *pi* moi, en *moufe* nous. Les autres perfonnes ont la terminaifon en *kini*, & le pronom fe met à l'accufatif avec la particule *pe* : ce qui a lieu auffi pour le tems fuivant.

Le plus-que-parfait fe forme du préfent en changeant *fempi* en *fempihe*. Par ex. plût à Dieu que je fuffe allé, *pahatchi keneki fempihe* ; plût à Dieu que tu fuffes ou qu'il fût allé, *pahatchi fimpe* ou *terepe kenekini fempihe*. Dans le fens négatif, plût à Dieu que je ne fuffe pas allé, *pahatchi kenerepe nakaki fempihe* ; plût à Dieu que tu ne fuffes pas, ou qu'il ne fût pas allé, *pahatchi fimpe* ou *terepe kenerepe nakaki fempihe*. Le futur eft comme le préfent.

Le mode Subjonctif ou Conjonctif fignifie par lui-même un fens incomplet, auquel on doit joindre néceffairement quelque préposition pour avoir le sens complet. Les particules qui désignent le sens incomplet, sont *si*, *quoique*, *lorsque*, *puisque*, *quand*, *après que*, &c. Comme ces particules indiquent des variations particulieres dans le verbe, je parlerai de chacune en particulier.

La conjonction conditionnelle *si*, s'exprime en Mantchou par *aikapate*, qu'on prononce *aikambabe*. On rend la conjonction *puisque*, par *tetentere*, ou bien par *tahame*, qui signifie proprement *en conséquence, conséquemment*, & le verbe qui précede est pris substantivement, & mis au parfait ou au futur de l'indicatif, avec la particule *pe* de l'accusatif. Par ex. *quoique vous alliez*, *si kenere-pe tahame*, ce qui signifie à la lettre, conséquemment à votre allée, d'où l'on voit qu'il doit suivre nécessairement quelque chose. Pour le parfait, on dit *si kenehe-pe tahame*, c'est-à-dire, en conséquence de ce que vous êtes allé.

Tetentere est employé principalement lorsqu'on dispute, qu'on confirme, qu'on approuve quelque chose, qu'on reprend, &c. On le place après le verbe qu'on doit terminer en *tchi*. Par ex. *puisque vous le savez clairement, pourquoi avez-vous agi de la sorte ? Si ketouken saha pitchi tetentere, ainou outou iapouhapi ?*

La conjonction *quoique* s'exprime en Mantchou par *outou*, & se met avant le verbe qui est au subjonctif, & qu'on termine en *tchi* en y ajoutant la particule *pe*; par ex. *quoique j'aille, pi outou kenetchipe*, &c.

Les adverbes de tems, tels que *quand*, *lorsque*, *après que*, & autres semblables, veulent après eux les articles qui sont exprimés dans la signification de ces mêmes tems, comme on le verra ci-après.

Le présent du subjonctif avec les particules *si*, *quoique*, *puisque*, se forme du présent de l'indicatif en changeant la finale

finale *mpi* en *tchi*. Par ex. *kenempi* eſt le préſent de l'inditif; *kenetchi* eſt le préſent du ſubjonctif; & ainſi des autres, auxquels, comme il a été dit plus haut, on joint *tetentere*. Par ex. *quoique j'aille*, *kenetchi tetentere*. Si avant le verbe on met *aikapate*, alors le ſens ſera : *ſi je vais*, & l'on dira *aikapate kenetchi*. Pour dire *quoique j'aille*, on ſe ſervira de la particule *outou* qu'on placera au commencement, & l'on ajoutera au verbe la particule *pe*, *outou kenetchipe*. Pour le ſens négatif: par ex. ſi je ne vais pas, on dira *aikapate kenerakou otchi*. Quoique je n'aille pas, *outou kenerakou otchipe* ; puiſque je ne vais pas, *pi kenerakou otchi tetentere*, ou bien, *pi kenerakou pe tahame*.

L'imparfait s'exprime ou par le préſent ou par le parfait, en ajoutant les mots qui expriment le tems où la choſe s'eſt paſſée. Par ex. *hier*, *l'année derniere*, &c. *alors*, *avant tel tems*, &c.

Le prétérit parfait ſe forme du parfait de l'indicatif, auquel on ajoute *pitchi*. Par ex. ſi je ſuis allé, *aikapate kenehe pitchi* ; puiſque je ſuis allé, *kenehe pitchi tetentere*, ou bien *kenehepe tahame* ; quoique je ſois allé, *outou kenehe pitchipe*. Pour le ſens négatif on ajoute la particule négative *akou*, de la maniere qui ſuit : *aikapate kenehe akou pitchi*, ſi je ne ſuis pas allé ; *outou kenehe akou pitchipe*, quoique je ne ſois pas allé ; *kenehe akou pitchi tetentere*, puiſque je ne ſuis pas allé ; ou bien *kenehe akoupe tahame*.

La particule *quoique*, qui eſt fort uſitée au plus-que-parfait, eſt exprimée par le parfait de l'indicatif, auquel on ajoute le mot *feme* ; & cela pour toutes les perſonnes & pour tous les nombres. En général le plus-que-parfait ne diffère du parfait qu'en mettant le mot *pihe* avant *pitchi*. Par ex. s'il eſt allé, *aikapate kenehe pitchi* ; s'il etoit allé, *aikapate kenehe pihe pitchi ; outou kenehe pihe pitchipe ; kenehe pihepe tahame*, &c. Mais la particule la plus ufitée pour exprimer *quoique*, eft *feme*, qu'on met fimplement après le parfait de l'indicatif. Par ex. quoique je fuffe allé, *outou kenehe feme*, & pour le négatif, quoique je ne fuffe pas allé, *outou kenehe fere akou*, &c.

Le futur mêlé de prétérit, fe forme du prétérit de l'indicatif, en y ajoutant la particule *te*, ou le mot *mangki*, qui fe prononce comme nous prononçons en françois *gni* dans *magnifique*. Par ex. fi je dois aller, *aikapate kenehete*, ou bien *aikapate kenehe mangki*; quoique je doive aller, *outou kenehete*, ou bien *outou kenehe mangki*. Pour le fens négatif, fi je ne dois pas aller, *aikapate kenerakou ohote*, ou bien *aikapate kenerakou oho mangki*, &c. Quoique je n'irai point, *outou kenerakou ohote*, ou bien *outou kenerakou oho mangki*, &c.

Le fubjonctif avec les particules *quand*, *après que* & autres femblables, forme fon préfent du futur de l'indicatif, en y ajoutant fimplement *te*, ou bien de l'infinitif en y ajoutant *ohote*. Par ex. quand je vais, *pi kenerete*, ou bien *pi keneme ohote*; quand je ne vais pas, *pi kenerakou ohote*, &c.

L'imparfait fe forme auffi du futur de l'indicatif, auquel on ajoute *tchakate*, & de l'infinitif en y ajoutant *ohote* ou *pifirete*. Par ex. quand j'allois, *pi kenerete tchakate*, ou bien *pi keneme pifirete*. Avant d'aller, *pi kenere ongolo*; après être allé, *pi kenere amala*. Lorfque je n'allois pas, *pi kenerakou tchakate*; comme je ne pouvois pas aller, *pi kenerakou pifirete*, &c.

Le prétérit parfait eft formé du prétérit de l'indicatif, en y ajoutant une des particules fuivantes, *mangki*, *fonte*, *ongolo*, *amala* & autres femblables. Par ex. comme je fus allé, *kenehe mangki*, ou bien *kenehe fonte*; après que je fus allé, *kenehe amala*; avant que je fuffe allé, *kenehe ongolo*. Pour le sens négatif, on s'exprime de la maniere suivante : comme je n'allois point, *kenehe akou oho mangki ;* comme je ne suis pas encore allé, *kenere ouente te.*

Le plus-que-parfait se forme du prétérit précédent, auquel on ajoute simplement *pihe.* Ainsi au lieu de dire, par ex. *pi kenehe fonte,* on dira *pi kenehe pihe fonte ;* & pour le sens négatif, au lieu de *pihe* on dira *pisire :* par ex. quoique je ne fusse pas encore allé, *pi kenerakou pisire ouentete,* ou simplement *kenerakou pisire ouente,* &c.

Le futur mêlé de prétérit, se forme du prétérit de l'indicatif, en y ajoutant la particule *te,* ou bien *oho mangki.* Quand je serai allé, *kenehete,* ou bien *kenehe oho mangki.* Pour le sens négatif, on dira *kenehe ouente te,* ou bien *kenerakou oho mangki,* &c.

L'infinitif se forme de l'indicatif en changeant la finale *mpi* du présent en *me.* Par ex. *houlampi,* je récite, on dira *houlame,* réciter ; *oueilempi,* je fais ; *oueileme,* faire ; *kenempi,* je vais ; *keneme,* aller, &c.

Le participe se forme du présent de l'infinitif, en changeant la finale *me* en *fi :* par ex. *keneme,* aller ; *kenefi,* allant. Cependant les Mantchoux se servent assez souvent du présent de l'infinitif dans le sens & au lieu du participe. Ils emploient le futur de l'indicatif dans les cas où les Latins emploient le gérondif en *di :* par ex. *le tems d'aller,* on dira en Mantchou *kenere erin.* Pour exprimer le gérondif en *do,* ils ajoutent la particule *té* au futur de l'indicatif. Par ex. en allant, *kenerete ;* en faisant, *oueilerete,* &c. ; mais si par le gérondif on veut exprimer la cause de quelque effet, dont on parle immédiatement après, alors ce gérondif en *do* se forme du parfait de l'indicatif, en y ajoutant la lettre *i.* Par ex. en etudiant constamment, il a acquis de la science, *pithe houlahai, pahafi tatchiha,* ou bien *pithe houlame kenehei pahafi tatchimpi.*

La terminaison du gérondif en *dum* est la même que celle du gérondif en *do* ; c'est-à-dire, qu'il se forme du futur de l'indicatif, auquel on ajoute la particule *te* ; mais il faut remarquer que les adjectifs qui expriment quelque relation à faire quelque chose, se mettent après le gérondif. Par ex. Ce bois est propre pour les édifices, *ere mo pope oueilerete sain*.

Du Verbe passif.

LE verbe passif se forme du présent de l'indicatif actif, en changeant *mpi* en *poumpi* ; & la particule Françoise *par*, se rend en Mantchou par la particule *te*, qui se met après le nom ou le pronom. Par ex. cet homme a été tué par l'ennemi, *tere nialma patate ouapoumpi*. Les Mantchoux expriment souvent le verbe passif par deux verbes actifs qu'ils joignent ensemble, & qui ne font qu'un même sens. Ces deux verbes sont *alime* & *kaimpi* ; & alors le verbe qui a la signification & la terminaison passive se met au futur de l'indicatif actif, auquel on ajoute la particule *pe* ; & le cas de la personne se met au génitif. Par ex. il a été frappé par un méchant homme : on dira, *ere* (ille) *ehe nialmai* (mali hominis) *tantarape* (verberationem, ou plus à la lettre verberare) *alime kaiha* (accepit).

Les verbes qui ont la terminaison en *poumpi* se conjuguent de la même manière, pour tous les tems & pour tous les modes, que les verbes actifs. Le verbe *alime* reste toujours tel qu'il est, sans changer ; mais on conjugue le verbe *kaimpi* à l'ordinaire.

Des Verbes auxiliaires.

Les Verbes auxiliaires, ceux du moins dont on fait le plus d'usage, sont au nombre de quatre : savoir, *pi* ou *pimpi*, *sempi*, *ompi* & *pahampi*.

GRAMMAIRE TARTARE-MANTCHOU.

Le Verbe *pi* ou *pimpi*, se conjugue comme les verbes actifs, à l'exception de quelques petits changemens, comme on verra par ce qui suit.

Le présent de l'indicatif est toujours *pi*, pour toutes les personnes & les nombres ; car *pimpi* n'est presque point en usage pour le présent. C'est cependant de *pimpi* que se forment tous les autres tems, même des autres modes, de la même maniere que dans les verbes actifs. Le prétérit parfait *pihe*, j'ai eté ; *pihe akou*, je n'ai pas eté. Plus-que-parfait, *pihe pi*, j'avois eté ; *pihe akoupi*, je n'avois pas eté. Futur, *pisire*, je serai ; *pisirakou*, je ne serai pas.

Impératif, *pisou*, soyez, ou, que vous soyez ; *pikini*, qu'il soit ; *oume pisire*, que vous ne soyez pas, qu'il ne soit pas.

Optatif présent & imparfait : plût à Dieu que je fois, que je fusse, *pahatchi piki sempi* ; que tu fois, que tu fusses, *simpe pikini sempi*, &c. Comme dans les verbes actifs. Pour le sens négatif, plût à Dieu que je ne fois, *pahatchi pisire nakaki sempi* ; que tu ne fois, ne fusses, *simpe pisire nakakini sempi*. Parfait, plût à Dieu avoir eté, *pahatchi piki sehepi* ; n'avoir pas eté, *piserepe nakaki sehepi*. Pour la seconde & troisieme personne, *pahatchi simpe* ou *terepe pikini sehepi* ; & pour le sens négatif, *pahatchi simpe* ou *terepe nakaki sehepi*. Plus-que-parfait, plût à Dieu que j'eusse eté, *pahatchi piki sempihe* ; que je n'eusse pas eté, *pisirepe nakaki sempihe*. Pour la seconde & troisieme personne, *pahatchi simpe* ou *terebe nakakini sempihe*.

Premier subjonctif présent, si je suis, *aikapate pitchi* ; quoique je fois, *outou pitchipe*, ou bien *pitchi tetentere*, ou bien *pisirepe tahame*, comme je suis, lorsque je suis. Pour le sens négatif on ajoute le mot *akou*, de la maniere suivante. *Aikapate akou pitchi* ; *outou akoupe pitchipe* ; *akou pitchi tetentere*, ou bien *pisirakoupe tahame*. L'imparfait est comme le présent.

Le parfait, si j'ai eté, *aikapate pihe pitchi ;* quoique j'aie eté, *outou pihe pitchipe ;* comme j'ai eté, *pihe pitchi tetentere,* ou bien *pihepe tahame.* Pour le sens négatif, *aikapate pihe akoutchi; outou pihe akoutchipe, pihe akoutchi* ou *pihe akoupe tahame.*

Plus-que-parfait : si j'eusse eté, *aikapate pihe pitchi ;* quoique j'eusse eté, *outou pihe pitchipe,* & plus elégamment *outou pitchi seme ;* comme j'eusse eté, *pitchi tetentere* ou *pisirepe tahame.* Pour le sens négatif, si je n'eusse pas eté, *aikapate akoupihe pitchi ;* quoique je n'eusse pas eté, *pihe akou pitchi tetentere.*

Futur mêlé de prétérit : si je serai, *aikapate pihete ;* quoique je serai, *outou pihete ;* si je ne serai, *aikapate pisirakou ohote ;* quoique je ne serai pas, *outou pisirakou ohote.*

Second subjonctif avec les particules de tems, quand, après que, &c. Présent : quand je suis, *pisirete ;* quand je ne suis pas, *pisirakou ohote.* Imparfait : quand j'etois, *pisire tchakate,* ou bien *pisire fonte ;* quand je n'etois pas, *pisirakou tchakate ;* avant que je fusse, *pisire ongolo ;* après que je fus, *pisire amala.* Parfait : quand j'ai eté, *pihe fonte ;* quand je n'ai pas eté, *pihe akou fonte,* ou *akou pihe fonte ;* avant que je fusse, *pihe ongolo ;* après que j'eus eté, *pihe amala ;* comme je n'etois pas encore, *pisire ouentete.* Le plus-que-parfait est le même que le parfait. Futur mêlé de prétérit : quand je serai, *pihete ;* quand je ne serai pas, *pisire akou ohote.* Infinitif présent, *pime,* être, ou etant.

Pipoumpi est un verbe composé de *pimpi.* Il se conjugue comme les autres verbes dont il est parlé ci-dessus, & signifie ordonner que telle chose se fasse, que tel homme reste, s'arrête, demeure, &c. Par ex. Faites rester cet homme à la maison, *tere mialma pe pote pipou ;* ne le laissez pas à la maison, *pote pipourakou,* ou bien, *pote oume pipoure.*

GRAMMAIRE TARTARE-MANTCHOU.

Du Verbe auxiliaire Sempi.

Le Verbe *Sempi*, pris féparément, fignifie dire, répéter, penfer, juger, &c. & fe conjugue comme les autres verbes actifs, excepté pour l'impératif qui ne paroît pas être d'ufage; pris comme verbe auxiliaire, il fignifie ordonner, faire enforte que, &c. & alors il eft pris à-peu-près dans le même fens que le verbe *poumpi*. Le verbe dont il eft l'auxiliaire & auquel il fe joint, refte à l'impératif; & tout le compofé fe conjugue comme les autres verbes. Par ex. *houlampi* eft le verbe fimple, qui fait à l'impératif *houla*; ainfi le compofé fera *houla fempi*; *houlambi* fignifie appeller quelqu'un à haute voix, &c. *Houlafempi* fignifiera ordonner d'appeller, faire appeller, &c. Il eft pris encore dans le fens paffif, mais rarement; & alors il fignifie être appellé. Comme ce verbe eft d'un très-grand ufage, je vais ajouter les principaux de fes tems.

Préfent, *houla fempi*; imparfait, *houla fempihe*; parfait, *houla fehe*, ou *houla fehepi*, Plus-que-parfait, *houla feme pihe*; futur, *houlafere*; le fens de ce verbe eft *j'ordonne*, &c. *d'appeller*; ou mieux, & plus à la lettre, *qu'on l'appelle, dis-je, difois-je, ai-je dit, avois-je dit, dirai-je*. Impératif, *houla fe*, qu'il foit appellé; *houla fekini*, qu'ils foient appellés. Optatif préfent & imparfait, plût à Dieu que je te faffe appeller, &c. *pahatchi houlafekini fempi*; que vous le faffiez appeller, *pahatchi fimpe houlakini fempi*. Parfait, plût à Dieu qu'il fût appellé, *pahatchi houla fekini fempihe*. Plus-que-parfait, plût à Dieu qu'il eût été appellé, *pahatchi houla fekini fehe pihepi*.

Subjonctif préfent & imparfait : fi j'ordonne qu'il foit appellé, *aikapate houla fetchi*; fi je n'ordonne pas qu'il foit appellé, *aikapate houla ferakou otchi*. Parfait, quoique j'aie ordonné qu'il fût appellé, *houla fehe pihe vitchi tetentere*. Futur mêlé de prétérit : si je dois ordonner qu'il soit appellé, *aikapate houla fehete*. Infinitif, ordonner qu'on appelle, *houla feme*. Le reste comme dans les verbes actifs.

Du Verbe auxiliaire Ompi.

Le Verbe *ompi* a à-peu-près la même signification que les verbes françois *être*, *pouvoir*, &c. Il est distingué du verbe *moutempi*, qui signifie aussi *pouvoir*, mais dans un autre sens ; car *moutempi* signifie la puissance effective, ou les forces de pouvoir faire quelque chose, au lieu que *ompi* signifie la permission, la convenance de faire quelque chose, &c. De plus, suivant les mœufs & les tems, il change de signification. Il faut remarquer que le verbe qui est immédiatement avant *ompi* est toujours terminé en *tchi*, ce qui se fait en changeant la terminaison du présent *mpi* en *tchi*, ce qui s'observe aussi pour le verbe *atchampi* qui signifie une espece de nécessité ou de devoir. Par ex. je puis faire, ou il convient de faire, on dira en Mantchou *oueiletchi ompi*; il faut faire, *oueiletchi atchampi*. Indicatif présent, je puis, cela convient, *ompi* ; je ne puis pas, cela ne convient pas, *otchorakou*.

Imparfait, je pouvois, cela convenoit, *ompihe*. Il ne convenoit pas, *otchorakou pihe*. Parfait, il a été convenable, *ohopi* : pour le sens négatif *oho akou*, il n'a pas été à propos, &c. Plus-que-parfait, il avoit eté convenable, il avoit eté à propos, &c. *oho pihe pi*. Il n'avoit pas été convenable, &c. *oho akou pihebi*. Futur, il sera à propos, il pourra se faire, &c. *otchoro*, pour le sens négatif, il ne sera pas à propos, *otchorakou*.

Impératif, *oso*, soyez, qu'il soit : *okini*, qu'ils soient; *oume otchoro* ne soyez pas, qu'il ne soit pas ; qu'ils ne soient pas. Remarquez que ce verbe n'a la signification de notre verbe françois *être*, que lorsqu'il est joint à quelque adjectif ; par ex.

ex. foyez bon, *fain ofo*. Cependant *otchoro* & *okini* font pris plus fouvent pour le verbe *être*: par ex. c'eft le temps de la chaleur, *halhoun otchoro erin*, ce qui fignifie à la lettre *erin*, le tems ; *otchoro*, d'être ; *halhoun*, chaud. Pour mieux connoître le fens de ce verbe, il faut ajouter à l'impératif & à l'optatif un adjectif avec lequel on le conjuguera.

Optatif préfent & imparfait, plût à Dieu que je fois, ou que je devienne bon, *pahatchi fain oki fempi*. Pour le fens négatif, il faut ajouter *akou*. Par ex. plût à Dieu que je n'aille pas, *pahatchi kenerakou otchi fempi*, ce qui fignifie à la lettre, *plût à Dieu devenir n'allant pas*. Pour les autres perfonnes, il fuit la regle commune.

Parfait : plût à Dieu avoir eté bon, *pahatchi fain oki feme fehepi* ; plût à Dieu n'être pas allé, *pahatchi kenerakou oki fehepi* ; plût à Dieu que vous ayez été bon, *pahatchi fimpe fain okini fehepi*. Plus-que-parfait, plût à Dieu que j'euffe eté bon, *pahatchi fain oki feme pihepi* ; que vous euffiez eté bon, *pahatchi fimpe fain okini feme pihepi* ; que je ne fuffe pas allé, *kenerakou oki feme pihepi* ; que vous ne fuffiez pas allé, *fimpe kenerakou okini feme pihepi*.

Subjonctif préfent & imparfait, fi j'etois bon, fi je n'etois pas méchant, *aikapate fain otchi, ehe akou otchi*. Parfait, s'il a eté bon, *aikapate fain oho pitchi* ; s'il a confenti, *aikapate oho pitchi* ; s'il n'a pas confenti, *aikapate oho akou pitchi*. Plus-que-parfait, s'il eût eté bon, *aikapate fain oho pihe pitchi* ; s'il n'eût pas eté méchant, *aikapate ehe akou pihe pitchi* ; s'il eût confenti, *aikapate oho pihe pitchi* ; s'il n'eût pas confenti, *aikapate oho akou pihe pitchi*. Futur mêlé de prétérit, s'il doit être bon, *aikapate fain oho fehete*, ou bien, *aikapate fain oho mangki* ; s'il n'a pas à être bon, *aikapate ehe akou oho mangki*.

Autre subjonctif avec les particules *quand, lorsque, avant que, après que.*

Présent, quand il est en charge, *hafan ohote;* quand il n'est pas en charge, *hafan akou ohote.* Imparfait, lorsqu'il etoit en charge, *hafan otchoro tchakate;* lorsqu'il n'etoit pas en charge, *hafan akou otchoro tchakate,* ou bien *otchoro ouente,* ou *otchoro ouentete.* Parfait, quand il a eté en charge, *hafan, oho fonte,* ou bien *hafan oho mangki;* quand il n'a pas eté en charge, *hafan akou oho fonte,* ou bien *hafan akou oho mangki.* Plus-que-parfait, quand il eût eté Mandarin, *hafan oho pihe fonte;* quand il n'eût pas eté en charge, *hafan akou pihe fonte;* avant qu'il eût eté en charge, *hafan oho pihe ongolo;* après qu'il eût eté en charge, *hafan oho pihe amala.* Futur mêlé de prétérit : quand, ou lorsque j'aurai eté en charge, *hafan oho fehete,* ou bien, *hafan oho mangki;* lorsque je ne ferai pas en charge, *hafan akou oho fehete,* ou bien, *hafan akou oho mangki.*

Infinitif présent, être en charge, *hafan ome.* Participe, etant en charge, *hafan ofi.* Le gérondif en *di,* s'exprime par le futur de l'indicatif : par ex. le tems où il fait froid, *peikoun otchoro erin.* Les autres gérondifs ne font pas d'usage.

Du Verbe auxiliaire Pahampi.

LE Verbe *pahampi* signifie proprement *obtenir, avoir, acquérir,* &c. & dans ce sens il se conjugue comme les autres verbes actifs. Souvent il signifie *pouvoir.* Par ex. je ne puis faire cela, &c.; & il a cette signification particuliérement lorsqu'il est au participe. C'est dans ce sens qu'il est verbe auxiliaire. Alors on le met devant le verbe, & il reste sans changer, pour tous les tems, mœufs & personnes, excepté à l'optatif où la terminaison est en *tchi* au lieu de *fi.* Par ex. je sais cela, *pahafi sampi* ; je ne sais pas cela, *pahafi sarakou*. Je n'ai pas pu aller, *pahafi kenehe akou* : si je puis venir, *aikapate pahafi tchitchi* : si je ne puis pas venir, *aikapate pahafi tchiterakou otchipe* : si j'avois pu venir, *aikapate pahafi tchihe pihe pitchi* : si je n'avois pas pu venir, *aikapate pahafi tchihe akou pihe pitchi* ; si je puis venir, *aikapate pahafi tchitchi* ; si je ne puis pas venir, *aikapate pahafi tchiterakou otchipe* ; si j'avois pu venir, *aikapate pahafi tchihe pihe pitchi* ; si je n'avois pas pu venir, *aikapate pahafi tchihe akou pihe pitchi* ; si je puis venir, *aikapate pahafi tchihete* ; si je ne saurois venir, *aikapate pahafi tchiterakou ohote*. L'usage en apprendra plus que tout ce qu'on pourroit dire. Comme la conjugaison des Verbes est ce qu'il y a de plus difficile dans la langue des Mantchoux, il n'y a rien de mieux à faire, pour se mettre ces conjugaisons dans la tête, que de conjuguer un ou deux de ces Verbes, & de les écrire à part.

De la Syntaxe.

EN parlant des principales parties du discours dans les articles précédens, j'ai employé quelques exemples par lesquels on pouvoit connoître la méthode d'arrangement, ou la syntaxe de la langue Mantchou ; mais comme ce n'est qu'en passant que j'en ai parlé, & seulement à l'occasion de quelques termes particuliers, je vais la réduire, autant que je pourrai, à des regles générales.

Syntaxe des Noms.

LES noms adjectifs & les pronoms se placent d'ordinaire avant leurs substantifs : par ex. *sain nialma*, un bon homme ; *sain morin*, un bon cheval ; *mini ama*, mon pere ; *mini enie*, ma mere, ou plus à la lettre, le pere de moi, la mere de moi, &c.

Lorsqu'il y a deux noms de suite dont l'un est au génitif, celui qui est au génitif passe toujours avant l'autre. Par ex. le maître du ciel, *apkai etchen* ; l'usage du pays, *pai koli*. L'article *i* ou *ni* qui est l'article propre du génitif, est toujours après son régime avec lequel il se joint le plus souvent pour ne former qu'un seul mot, comme dans *apkai*, du ciel; *sini*, de vous, &c. J'ai déjà dit qu'on se servoit de l'article *i* après les génitifs qui finissent par une voyelle, & de l'article *ni* après ceux qui finissent par une consonne.

Quelque verbe que ce soit peut être pris comme substantif avec la terminaison du futur ou du prétérit, avec laquelle on met l'article du cas, suivant que le sens l'exige, tout comme s'ils étoient en effet des noms : par ex. Qui a déterminé la vie ou la mort de l'homme ? *Nialmai pantchire poutcherepe ouo tokopouhapi ?* L'article *pe* qui est celui de l'accusatif est placé, comme l'on voit, après le second des deux futurs *pantchire*, *poutchere*.

Le nom *pa*, qui signifie proprement pays, lieu, &c. est fort en usage dans la Langue Mantchou ; il en est à-peu-près de ce mot, comme dans la Langue Françoise du mot cela. Par ex. Je n'ai jamais pensé cela, *ere emou pape, oumai kounihe akoupi*. Il est en usage encore dans toutes les occasions où nous dirions en François, *c'est que, ce n'est pas que, avoir lieu*, &c. Par ex. C'est que j'avois beaucoup à lui dire, *inte alahangue laptou pa pihe* ; je n'ai pas de quoi parler, *kisourere pa akou*. Les noms qui sont dans les cas qu'exigent les verbes auxquels ils sont joints, se mettent avant les verbes eux-mêmes. Par ex. Le pere aime le fils, *ama kupe kosimpi*. La particule *akou*, qui signifie la négation, se met toujours après le verbe qu'elle affecte. Par ex. Je ne vais pas, *kenerakou* ; & lorsqu'il y a plusieurs verbes, elle se joint au verbe principal. Par ex. Comme il ne vouloit pas entendre, *tontchirakou, otchoro tchakate;* il n'a pas pu aller, *pahafi kenerakou,* &c.

Du Relatif Qui.

DANS la Langue Mantchou, les relatifs *qui*, *que*, &c. ne s'expriment pas autrement qu'en les plaçant entre le nominatif & le verbe. Par ex. Le livre que vous avez fait, *fini pantchi-pouha pithe,* ce qui signifie à la lettre : *le livre fait par vous,* d'où l'on voit que la phrase prend alors le sens passif. Il est à remarquer que le verbe est alors au prétérit ou au futur; souvent même il change la terminaison du prétérit & du futur en *hangke, hengke, hongke,* pour le prétérit; & en *rangke, rengke, rongke,* pour le futur. Par ex. Ce que vous dites est très-bien, *fini hentou hengke oumefi inou;* ce qui veut dire à la lettre, *votre discours est très-bien.*

Syntaxe des Verbes.

ON met le verbe au participe qui se termine en *fi*, lorsqu'il se trouve dans la phrase plusieurs membres ou propositions qui ont chacune un sens particulier, ou qui rendent incomplet le sens total de la phrase ; quelquefois on met ce verbe, surtout après la derniere proposition, à l'infinitif terminé en *me ;* & cet infinitif a alors le sens du participe. Enfin le verbe final, qui termine le sens, se met au présent, au futur, ou au parfait, suivant que le cas l'exige, comme on va le voir dans cet exemple. Lorsque mon frere prit le grade de Docteur, il se rendit à la Cour pour chercher & trouver son maître ; & quand il fut vis-à-vis de lui, il attendit long-tems & ne dit rien, *mini teou tsinche pahafi, kemoun hetchente kenefi, ini sefou paime atchanafi paktchilame tefi kouitame oumai ki fou reh akoupi.*

Lorfqu'on rapporte la caufe pour laquelle on a fait ou on fait quelque chofe, on fe fert de la terminaifon paffive *hangke, hengke, hongke.* Par ex. Un pere châtie fon fils, parce qu'il l'aime, *ama kupe tantarangke, kofirengke kai.* La raifon pour laquelle il a donné de l'argent à fon fils, c'eft pour l'engager à fe corriger de fes défauts, *ama kute mongounpe pouhengke, entepoukoupe halakini fehengke.* Il eft à remarquer que lorfqu'il y a deux propofitions, dont l'une exprime l'effet & l'autre la caufe, celle qui exprime l'effet fe met la premiere.

Syntaxe du Verbe auxiliaire Seme.

Le verbe *Seme* equivaut au *que* entre deux verbes, c'eft-à-dire qu'il joint deux ou plufieurs propofitions d'une même phrafe : par ex. Un tel m'a dit que vous etiez allé, *fimpe kenehe feme, tere minte alahapi.* On voit par cet exemple, que le verbe *feme* fe met après le verbe de la feconde propofition, laquelle dans la conftruction Mantchou fe place avant la premiere. Autre exemple : l'Empereur m'a ordonné de lui préfenter une fupplique fur cette affaire, *ere emou pape ouefimpou feme hefe minte ouafimpouhapi.* De même, il m'a défendu de le faire favoir aux autres, *koua nialmate oume tontchipoure feme fafoulahapi.* Dans ces exemples, comme dans tous les autres qu'on pourroit apporter, le verbe *feme* equivaut à notre façon de parler, *dit-il, c'eft ainfi qu'il a dit*, & autres femblables. Par l'explication littérale du dernier exemple que je viens de citer, on jugera de l'ufage du verbe *feme.* Il m'a défendu de le faire favoir aux autres, *koua nialmate oume tontchipoure feme fafoulahapi ;* explication littérale : *koua* aliis, *nialmate* hominibus,

GRAMMAIRE TARTARE-MANTCHOU. 39

oume ne , *tontchipoure* reveles , *feme* inquit , *fafoulahapi* prohibuit ; ce qui revient à cette phrafe françoife , *que les autres ne le fachent point , c'eft ce qu'il a défendu.*

Lorfqu'on paffe du premier fens complet à un autre différent, on fe fert communément du verbe tranfitif *fefi* ou *fere tchakate* qu'on met à la fin du premier fens complet ; & alors le *fefi* a le fens de *a-t-il dit* ; & le *fere tchakate*, celui de *les chofes etant ainfi.*

Pour ce qui eft de cette façon de parler : *quand je devrois mourir*, par ex. elle fe change en cette autre : *je meurs plutôt que de*, &c. Je mourrois plutôt que de pécher contre la raifon, *poutchetchi* , *poutchere tapala* , *toro kienpe ainaha feme foutararakou.* A la lettre *poutchetchi*, s'il faut mourir, *poutchere tapala*, je mourrai foit ; *ainaha feme*, mais certainement ; *toro kienpe foutararakou*, je ne tranfgrefferai pas les loix de la raifon.

Voilà à-peu-près ce qu'il y a de plus effentiel à favoir fur la Langue des Mantchoux. Si l'on eft au fait des regles dont je viens de parler dans cet ecrit, il n'eft aucun livre Mantchou qu'on ne puiffe lire , & dont on ne comprenne le fens. Un peu de lecture & quelques traductions , donneront l'intelligence de ce qui peut m'avoir echappé ; car il s'en faut bien que j'aie tout dit. Ce feroit un grand avantage pour la république des Lettres , fi quelques-uns de ces Savans qu'aucun travail ne rebute , s'adonnoient à l'étude d'une Langue qui leur donneroit une entrée facile pour pouvoir pénétrer , fans aucun fecours etranger , dans le labyrinthe de la Langue chinoife , où fe trouvent les plus anciens monumens littéraires qui foient dans l'Univers.

F I N.

Ablativus instrumenti
Der Genitif im Mandschou wird so gemacht.

www.ingramcontent.com/pod-product-compliance
Lightning Source LLC
Chambersburg PA
CBHW060953050426
42453CB00009B/1178